DIVENTARE UN MANAGER BENEVOLO

Tirate fuori il meglio dal vostro team

DIVENTARE UN MANAGERBENEVOLO

Tirate fuori il meglio dal vostro team

scritto da Karima Chibane
tradotto par Sara Rossi

DIVENTARE UN MANAGER BENEVOLO

- **Il problema?** Come gestire i team intergenerazionali in un mondo in continuo cambiamento?

- **Perché è utile?** Il management benevolo sostiene il benessere sul lavoro e aiuta a sviluppare sinergie attraverso l'intelligenza collettiva, ad aumentare le prestazioni e la creatività e a prevenire i rischi psico-sociali.

- **Contesto professionale?** Leadership o gestione di team, risorse umane, gestione dei talenti, relazioni professionali, ecc.

- **FAQ?**
  - Come rispondiamo a chi pensa che praticare la benevolenza sia ingenuo?
  - Perché scegliere lo stile di gestione benevolo orientato alla congruenza?
  - Quali sono i tre indicatori chiave di una pratica manageriale attenta e congruente?
  - Qual è la differenza tra management etico, slow management o manager-coach?
  - La benevolenza, una chiave per la "felicità" nel mondo professionale?
  - Come diventare un manager attento e congruente?

- Tutti i manager possono diventare benevoli?

- Cosa dicono le ultime scoperte su questo stile di gestione?

> *"Ogni verità passa attraverso tre fasi. In primo luogo, viene ridicolizzata. Allora è fortemente osteggiata. Poi la si dà per scontata. (Arthur Schopenhauer)*

Nuovi modi di gestire emergono regolarmente. La tendenza alla gestione benevola sembra essere sempre più importante. Come la maggior parte delle tendenze manageriali, è nata negli Stati Uniti e da qualche anno si sta affermando anche in Francia. Se guardiamo alla definizione della parola "benevolo", troviamo che è "una disposizione favorevole verso qualcuno" (Centre National de Ressources Textuelles et Lexicales, CNRTL) o "una disposizione d'animo incline alla comprensione, all'indulgenza verso gli altri" (Larousse). Le diverse definizioni possono essere riassunte come: cercare il positivo negli altri o in una situazione. Si tratta quindi di imparare a gestire il rapporto con gli altri in modo positivo, al fine di produrre un'azione collettiva efficace, che favorisca l'aumento delle prestazioni.

Tuttavia, alcuni manager sono ancora troppo spesso alla ricerca soprattutto di cifre, dimenticando il rapporto umano e l'importanza del suo equilibrio. Ma le relazioni interprofessionali non devono più essere gestite con i cruscotti: questo approccio ha mostrato i suoi limiti e l'attuale aumento del burnout è uno dei sintomi più evidenti.

Il riorientamento del pensiero manageriale sulla relazione umana prima del compito da svolgere si ritrova oggi nella letteratura manageriale, nei corsi delle scuole di management, nelle università e negli interventi delle società di consulenza e coaching.

La rinomata Academy of Management (AOM), il più grande evento accademico nel campo delle scienze manageriali, ha evidenziato la tendenza manageriale del "Dare to care" durante la sua conferenza annuale 2010. Due anni dopo, l'*Academy of Management Review* (AMR), la rivista scientifica nata dall'AOM e una delle più prestigiose del settore, ha seguito l'esempio con un dossier sul caring management e articoli regolari sullo sviluppo di questa posizione manageriale.

Questo forte emergere del tema della benevolenza e della congruenza sta diventando centrale. Drena intorno a sé le riflessioni riguardanti la gestione etica, l'intelligenza emotiva e relazionale, l'integrità, l'intelligenza collettiva, l'agilità o addirittura la *gestione lenta*. Per alcuni, la gestione benevola orientata alla congruenza è la caratteristica dei grandi manager: quelli che hanno una personalità assertiva, che hanno fiducia in se stessi pur essendo aperti.

LE BASI DI UN MANAGER PREMUROSO

DIRIGENTI PASSATI E PRESENTI

Che cos'è un manager?

Esiste un relativo consenso tra i diversi autori di management sulla definizione di manager. La caratteristica principale di un manager è la sua missione, ovvero dirigere e coordinare un gruppo di persone sotto la sua responsabilità. Un direttore d'azienda è quindi anche un manager.

 **NOTA BENE**

La scelta di non fare una distinzione tra manager e leader in questo libro è volontaria. La gestione benevola può essere una postura comune, poiché ognuno di loro ha la vocazione di creare intelligenza collettiva attraverso la sinergia

Il manager di domani

La funzione delle teorie manageriali è quella di decifrare il funzionamento delle organizzazioni. [e] I primi lavori sono relativamente recenti, poiché risalgono all'inizio del XX secolo e sono orientati al miglioramento delle prestazioni delle aziende.

Fino agli anni Settanta le organizzazioni erano struttu-
rate secondo un modello burocratico: una forte gerarchia,
molto controllo e poca delega. Gli anni Novanta sono stati
un punto di svolta in questo contesto: lo status e il livello
gerarchico non erano più sufficienti, il management si è
rivolto alla nozione di risultati e ai mezzi per raggiungerli.
I manager dovevano cambiare; era necessario che svilup-
passero una legittimazione di tipo relazionale. La capacità di mobilitare le squadre ha la precedenza sulla
padronanza tecnica del lavoro. I manager devono ora pos-
sedere notevoli capacità di comunicazione e sono gettati
nel cuore delle relazioni umane e dei problemi umani, il
più delle volte senza preparazione. La globalizzazione dei
mercati, i cambiamenti sempre più rapidi dell'ambiente,
le nuove organizzazioni a rete o basate su progetti sono
tutti fattori che si sono imposti.

Questo cambiamento di paradigma porta i manager ad
attivare altre risorse. Diventa necessaria una formazione
alle relazioni, con lo sviluppo dell'empatia e della cono-
scenza dell'intelligenza emotiva in particolare. È il pas-
saggio da manager a leader. Il *potere duro*, prerogativa del
manager più aggressivo, dell'organizzazione molto
gerarchica e fortemente centralizzata, è finito. Se fosse
adattato al contesto della produzione di massa, nella
nostra società post-industriale dove la mobilitazione
dell'intelligenza è importante e dove il coinvolgimento
ha sostituito l'obbedienza, i lavoratori sono individui
liberi e poco fedeli alle aziende. La cosiddetta generazione "Y" rappresenta chiaramente questo movimento,
che è strutturale e si accentuerà con la generazione "Z".

UN BREVE RICHIAMO ALLE GENERAZIONI

- **La Generazione X** si riferisce alle persone nate tra il 1960 e il 1980. Hanno avuto difficoltà a trovare posti di lavoro stabili e ben retribuiti e tendono a mantenere le loro posizioni e a farsi strada nel tempo. Questa generazione predilige l'equilibrio tra vita privata e professionale. Per loro le informazioni sono piuttosto lente e filtrate. È difficile per loro capire la Generazione Y e viceversa.

- **La Generazione Y** si riferisce alle persone nate tra il 1980 e il 1995. Sono cresciuti con la televisione, lo sviluppo di Internet e i videogiochi. Per questi *nativi digitali*, l'autorità non è sempre sinonimo di competenza. Mette in discussione tutto, compresi i metodi di gestione esistenti, con grande disappunto degli X. Per lei l'efficienza ha la precedenza sull'anzianità e vuole essere ascoltata. Non mette il lavoro al primo posto: cerca una migliore qualità di vita, pensa a breve termine e pratica la mobilità. Vuole una rapida progressione, orari flessibili, libertà e autonomia.

- **La Generazione Z** si riferisce alle persone nate dal 1995 in poi. È anche chiamata "generazione C" che sta per Comunicazione, Collaborazione e Connessione. Questa generazione è cresciuta con i social network ed è costantemente connessa. A differenza delle altre generazioni, non conosce la vita senza le nuove tecnologie. Per loro la congruenza è tanto più importante in quanto probabilmente non ci saranno più barriere tra la vita personale e quella professionale, che tendono a confondersi.

Il leader che sviluppa l'intelligenza relazionale, che adotta una postura manageriale benevola e congruente, rappresenta quindi il manager di domani.

CHE COS'È LA GESTIONE BENEVOLA E CONGRUENTE (MBC)?

 **PAROLE CHIAVE**

- **Sicurezza ontologica**: avere fiducia nel proprio essere. Questa sensazione di sicurezza funge da solida base per rimanere centrati. Permette di agire nel rispetto di se stessi e degli altri, anziché di reagire secondo i propri meccanismi di difesa. Apre all'assertività. In breve, per un manager si tratta di sentirsi a proprio agio nella propria pelle, nella propria funzione e nella complessità del proprio ambiente; questa è una leva di congruenza.
- **Congruenza**: allineamento, perfetta coerenza tra pensiero, parola e azione. Per un manager, questo può essere riassunto come: "Fa' quello che dici e di' quello che fai". Questa armonia interiore apre all'empatia.
- **Empatia**: la possibilità per il manager di sentire ciò che un dipendente in difficoltà o in conflitto sta vivendo. L'empatia non è la simpatia, che conforta e avvolge nella commozione; al contrario, è neutra e distanziata. È la capacità di mettersi al

posto dell'altro, di sentire ciò che prova e di capirlo meglio, e non di farsi apprezzare.

- **Significato**: la ricerca di significato è importante al giorno d'oggi, ed è fortemente sostenuta soprattutto dalla generazione Y. Dare un significato ai team che gestiamo è essenziale, come dimostrano tutti i sondaggi.

- **Agilità**: la ricerca del miglioramento continuo nello sviluppo dell'intelligenza collettiva dei team che la praticano. Si tratta di valorizzare questa intelligenza collettiva, di stabilire una fiducia reciproca per fertilizzarla, mobilitarla e coordinarla.

L'MBC consiste nel trovare finalmente l'anima del lavoro del manager, nonché una coerenza tra valori personali ed efficienza economica. L'MBC è un metodo di gestione del team basato sulla cortesia e può essere suddiviso in 12 punti.

1. **Saper ascoltare**. L'ascolto attivo ci permette di individuare le dissonanze tra il verbale e il non verbale. Come sappiamo oggi, nella comunicazione il verbale contiene solo il 20-30% del messaggio. La decodifica del linguaggio del corpo attraverso la voce, i gesti o le espressioni facciali è fondamentale perché fornisce le informazioni essenziali.

2. **Dare un senso al lavoro di ciascun dipendente**. L'idea è quella di condividere con tutti una visione globale, definire chiaramente le missioni, incoraggiare e riconoscere il lavoro di ciascuno. È importante fornire un feedback regolare per riaggiustare l'attenzione, se

necessario. Naturalmente, ciò significa anche affrontare le difficoltà e parlarne, al fine di trovare una soluzione comune.

3. **Garantire il benessere degli individui**, attraverso l'attuazione di una politica volontaria e concreta, coinvolgendo i dipendenti nella scelta dei loro strumenti o del loro ambiente di lavoro. Si tratta anche di garantire un equilibrio tra vita professionale e personale, ad esempio con la possibilità di telelavoro o di orari flessibili.

4. **Sviluppare una migliore convivenza** attraverso relazioni migliori. A tal fine, il manager può, ad esempio, formarsi sull'intelligenza emotiva per migliorare le proprie capacità relazionali. In effetti, le relazioni sono al centro della funzione manageriale così come viene intesa oggi.

5. **Valorizzare l'espressione e riconoscere il diritto di sbagliare**, soprattutto nella fase di apprendimento. Quando il manager riconosce i propri errori ai suoi collaboratori, permette loro di fare altrettanto. Crea la possibilità di imparare dai propri errori e, di conseguenza, di osare in modo innovativo. Il concetto di FailCon, lanciato negli Stati Uniti, è di grande ispirazione in questo campo.

👁 LO SAPEVATE?

Le FailCon sono conferenze per imprenditori, fondatori di startup e chiunque sia coinvolto nell'innovazione. Vengono condivise le esperienze di imprenditori di successo, evidenziando le virtù dell'apprendimento dal fallimento. Il concetto di fondo: i migliori imprenditori sono quelli che hanno fallito e poi superato il fallimento riprendendosi finanziariamente, emotivamente e professionalmente.

6. **Pensare prima di tutto alla squadra e favorire la cooperazione.** Il manager deve fare attenzione a non proporsi sistematicamente. Deve mostrare umiltà e considerare importante l'altra persona per il buon funzionamento dell'azienda. Ciò implica mostrare empatia e costruire fiducia nei rapporti interpersonali, alimentarla e farla crescere in modo che ognuno si senta un collaboratore all'interno del team. Favorire la cooperazione significa anche praticare una modalità collaborativa di ricerca delle soluzioni. D'altra parte, non significa mai accettare un consenso morbido o essere lassisti!

7. **Cercate di rimanere positivi**, perché l'umore e l'atteggiamento del manager hanno una grande influenza sui suoi collaboratori. Siate consapevoli che questo atteggiamento positivo è contagioso per tutto il team per azione capillare.

8. **Stabilire il rispetto con l'esempio.** Questo è senza dubbio uno dei punti più difficili per un manager... Infatti, richiede rigore e pratica quotidiana. Il manager non deve mai dimenticare che tutti i suoi gesti, azioni, atteggiamenti o parole sono osservati, analizzati e spesso riprodotti per imitazione. Deve quindi osservare una sorta di ascesi, perché la sua onestà, la sua etica, la sua equità e il suo senso della giustizia

devono essere esemplari se vuole ottenere il rispetto dei suoi colleghi.

9. **Il manager deve saper correre dei rischi personali per proteggere i propri dipendenti.** Il manager deve essere in grado di assumersi rischi personali per proteggere i propri dipendenti, così come deve avere il coraggio di punire quando necessario. In questo modo, guadagna legittimità e fa sentire i dipendenti al sicuro.

10. **Saper gestire la solitudine del potere.** Chi diventa manager diventa il più responsabile tra i suoi colleghi: questo atto lo isola. Il pericolo è che si chiuda nell'idea di esserci arrivato da solo. Per estensione, può credere che solo nella solitudine si possa salire la scala. Un altro rischio è lo sviluppo del complesso dell'impostore.

 **ATTENZIONE AL COMPLESSO DELL'IMPOSTORE**

È la riflessione interna che un manager sviluppa quando assume una nuova posizione o aggiunge una nuova responsabilità al suo ruolo. Spesso si chiede se l'abito sia troppo grande per sè. Si vede come un impostore e vive nella paura di essere scoperto. Questo complesso colpisce il 70% delle persone ad alto potenziale. Il lavoro di sviluppo personale può essere di grande aiuto, in quanto aiuta le persone a conoscere meglio se stesse e ad avere chiari i propri punti di forza e di debolezza.

11. **Praticare l'autenticità e la congruenza**. È l'allineamento dei sentimenti, delle convinzioni e del comportamento di una persona. Questo atteggiamento crea fiducia e stabilità all'interno dei team, poiché il manager dà un segno di affidabilità.

12. **Sviluppare il senso dell'umorismo**. Siamo onesti: la natura è ingiusta in questo campo. Tuttavia, l'umorismo è importante perché cementa il team e aiuta a risolvere le tensioni: felici i manager che lo possiedono! Tuttavia, attenzione a non essere troppo veloci nel liquidare se stessi come privi di umorismo: si tratta di un modo di vedere le cose che può assumere diverse forme e che può svilupparsi con l'evoluzione della personalità.

👁 COMUNICAZIONE DI PROCESSO

La comunicazione di processo (o PCM), un modello di comunicazione creato nel 1980 dallo psichiatra americano Taibi Khaler (nato nel 1943), mira a facilitare gli scambi tra gli individui. Si tratta di una classificazione delle personalità in diverse categorie. Conoscere queste categorie permette di semplificare e adattare la comunicazione a ogni personalità. Per il PCM, attualmente molto in voga, la gestione benevola è uno dei quattro stili di gestione, insieme all'autocratico, al laissez-faire e al democratico. La gestione benevola è definita dal fatto che si preoccupa più della persona che del compito. Rafforza i legami in un team, incoraggia l'interazione e lo spirito di cooperazione.

CHE COSA SIGNIFICA?

Cosa implica la benevolenza come linea di condotta manageriale? Ammettiamolo, questa postura è esigente nei confronti di se stessi, in quanto richiede la comprensione del proprio funzionamento e della propria modalità relazionale. Un approccio più umano e significativo porta alla congruenza.

Un approccio più umano

Sempre più manager si rendono conto che un approccio più umano produce maggiori risultati. Infatti, consente loro di mobilitare meglio i team e di ottimizzare le risorse.

Si tratta di guardare innanzitutto a ciò che rende prezioso il dipendente, piuttosto che sottolinearne i difetti; in breve, cambiare il modo di vedere le cose. È facile capire che i dipendenti lavorano meglio in un contesto in cui si sentono considerati.

 ## L'EFFETTO PIGMALIONE

Ricevendo uno sguardo positivo e fiducioso dal proprio manager, il dipendente trova in se stesso il trampolino di lancio per progredire e andare avanti. In breve, se vedete i vostri dipendenti come eccellenti, avranno tutte le possibilità di diventarlo: questo è ciò che chiamiamo effetto Pigmalione. Soprattutto, avere una visione benevola di *tutti i* dipendenti, non solo di quelli con cui si va d'accordo.

Il ruolo principale del significato

Oggi la gestione si basa sulla complessità: è essenziale abbandonare gli strumenti meccanici e le causalità lineari per risolvere le sfide quotidiane. È finita l›attenzione al problema per trovare le cause e quindi qualcuno da incolpare! La causalità ha lasciato il posto alla complessità, dove diversi parametri si intrecciano e si influenzano a vicenda, creando incertezza. I manager sono costantemente chiamati a trasformare questa ansia in fiducia: diventano portatori di significato. Di fronte al cambiamento continuo, i team hanno bisogno di una risposta al "perché". Di fronte a contraddizioni e incertezze, si rivolgono naturalmente al manager per trovare coerenza.

L'obiettivo è la congruenza

La congruenza, o *"walk the talk"* come dicono gli americani, è un concetto della programmazione neurolinguistica (PNL) ispirato al lavoro dello psicologo americano Carl Rogers (1902-1987). È presente quando c'è allineamento tra ciò che sono, ciò che penso, i miei valori, ciò che sento, ciò che dico e ciò che faccio. Può essere identificata dall'adeguatezza tra segni verbali e non verbali. Da questo allineamento nasce l'autenticità e lo stato di una persona definita "centrata".

Si lavora sulla congruenza nel campo della fiducia in se stessi, con una vera e propria trasformazione interiore che dona una radiosa disinvoltura. Secondo Carl Rogers, è l'accordo tra la consapevolezza dei propri bisogni e desideri e l'espressione che se ne dà. Crea uno stato d'animo sano, favorevole alla realizzazione di sé, che incoraggia l'altra persona a superare i propri meccanismi di difesa per ripristinare la propria congruenza.

Siete congruenti?

Per scoprire se si è congruenti, basta porsi le seguenti domande sulla situazione che si sta vivendo:

- È da me dire o fare questo?
- Mi sento bene mentalmente e fisicamente quando lo dico o lo faccio?

Ricordatevi di farlo regolarmente e di fidarvi di ciò che sentite.

Alla fine, i lavoratori giudicano i loro manager in base alla realtà del loro comportamento e alla sua coerenza con i loro discorsi.

UNA FORMA DI GESTIONE IN CRESCITA

Sempre più aziende si uniscono

La rivista *Psychologies ha* creato la "giornata della gentilezza" il 13 novembre 2009 e ha poi lanciato un "appello per una maggiore gentilezza sul lavoro". Attualmente, più di 300 aziende, grandi e piccole, hanno seguito l'esempio. Il loro impegno è quello di sviluppare azioni concrete lungo tre direttrici:

- dare un senso al lavoro di ciascun dipendente;

- sviluppare la qualità della convivenza e delle relazioni;

- garantire il benessere degli individui.

Ad esempio, possiamo citare:

- Google Europe, per la quale la postura manageriale e l'atmosfera lavorativa orientata al benessere sono al centro della definizione di benevolenza;

- la società di revisione e consulenza KPMG, che ha introdotto una carta di sette buone pratiche per l'equilibrio tra lavoro e vita privata e dieci comportamenti manageriali che promuovono relazioni rispettose;

- il gruppo Casino, che fa della benevolenza la base del suo approccio alle risorse umane, gestendo senza stress. Uno specialista dello stress istruisce i manager su tre punti principali: dare un senso al lavoro, fissare obiettivi commisurati alle possibilità dell'individuo e sviluppare il riconoscimento.

In breve, l'MBC libera energie e talenti. Sembra essere sia una risposta allo stress attuale, sia un metodo di gestione adatto a tutte le generazioni.

Uno stile di gestione adatto ai team intergenerazionali

L'MBC è la risposta perfetta all'attuale grattacapo dei manager, che lamentano il divario generazionale e la difficoltà di unire il crescente numero di squadre miste.

Per cominciare, fornisce una soluzione al bisogno di riconoscimento degli Y e di una buona qualità relazionale (fiducia, buona atmosfera, autenticità, ecc.). Fa anche eco alla loro ricerca di significato, sia che si tratti del bisogno di comprendere le ragioni di decisioni e direzioni, sia che si tratti della richiesta di auto-realizzazione sul posto di lavoro. A differenza degli X, che dovevano dimostrare la loro competenza, gli Y vogliono che il manager si fidi di loro fin dall'inizio, se necessario con un periodo di prova. Sono alla costante ricerca di informazioni, ed è per questo che il ruolo dei loro colleghi anziani, gli X, può essere importante, soprattutto nel trasmettere il know-how del lavoro (per esempio attraverso il mentoring). Il manager, concentrando la sua gestione sul significato, sul riconoscimento e su relazioni più rilassate – punti ai quali ovviamente non si oppongono nemmeno gli X – permette a ogni generazione di trovare il proprio posto nel gruppo.

Per quanto riguarda gli Z che sono arrivati da poco nel mondo del lavoro e che lo vedono come una giungla, sanno che faranno diversi lavori e che la maggior parte dei lavori del futuro non esiste ancora. Di conseguenza, l'azienda diventa per loro un ambiente di apprendimento e il mix di generazioni un'opportunità concreta per condividere le conoscenze. Il manager benevolo di successo ha questa apertura e flessibilità. È in grado di gestire questi diversi paradigmi, perché sa come rivelare il potenziale e fertilizzare le sinergie.

Un buon modo per includere immediatamente i nuovi dipendenti Y o Z è quello di chiedere loro un "rapporto a sorpresa" riservato entro le prime settimane dal loro arrivo. Questo dovrebbe riguardare le sei-otto cose che li hanno sorpresi di più, nonché i loro suggerimenti per il miglioramento. Spetta poi al manager vedere quali suggerimenti può prendere in considerazione.

I primi corsi di formazione

- L'Istituto di Amministrazione Aziendale (IAE) dell'Università Jean Monnet di Saint-Etienne offre, all'interno del Master in "Gestione del commercio e della distribuzione", un modulo sulla gestione benevola incentrato sulla gestione dello stress.

- Dal 2013, presso il Centro Ospedaliero Universitario (CHU) di Rouen, viene offerto un corso di formazione in gestione benevola ai dirigenti ospedalieri con due valori chiave, il diritto di sbagliare e l'ascolto, e con un'attenzione all'aspetto umano al centro della gestione.

- L'École de Management di Grenoble, nell'ambito del suo programma di Dottorato in Business and Administration (DBA), ha incluso la gestione del caring nell'elenco degli argomenti di tesi dal 2012.

Allo stesso tempo, molte società di consulenza, formazione e coaching, sia in Francia che in Belgio o in Svizzera, offrono ora una formazione in gestione benevola per soddisfare la crescente domanda delle aziende.

CONCLUSIONE

È giunto il momento di una gestione "organica" delle aziende: meno gerarchia e *reporting* per aspetti più operativi, con linee manageriali brevi. I diversi approcci attuali formulano, ciascuno a suo modo, questa diversità di gestione incentrata sulla relazione, perché è soprattutto praticata dagli esseri umani per i loro simili.

La specificità dell'MBC sta nel fatto che induce una vera relazione, più impegnativa dell'opacità di un'organizzazione o del ripiegamento su se stessi. Il manager benevolo e congruente è diretto, aperto, positivo e osa scuotere i suoi collaboratori quando è necessario. Ha anche una vocazione pedagogica, aiutando il suo team a comprendere successi e fallimenti. Inoltre, fertilizza i talenti dei suoi collaboratori in una dinamica di progressione. Si preoccupa del benessere degli altri, essendo quello che le giovani generazioni chiamano "affidabile", cioè competente, premuroso, onesto e coerente.

Sì, ripetiamo, si tratta di una forma di gestione impegnativa per il manager, che richiede un lavoro continuo su se stessi per acquisire forza di carattere. Perché, non dimentichiamolo, lo strumento del manager è prima di tutto la sua personalità. Come ogni arte, è necessaria la regolarità nell'esercizio, affinché alla fine la tecnica svanisca e lasci il posto alla precisione del gesto.

La gestione benevola ha la specificità di essere ancora in crescita. Questa fase di grande sviluppo lascia ancora spazio ai manager avventurosi per espandere i loro territori e quindi per tracciare una mappa dei loro pari. Esplorando terre sconosciute dentro di sé, facendo luce sulle proprie zone d'ombra, possono poi accompagnare meglio gli altri a superare se stessi.

Infine, come indica l'AOM, la gestione benevola, grazie alla sua umanità, sfida i metodi di gestione in tutto il mondo, e l'aggiunta della dimensione della congruenza la rende più aperta alle esigenze di domani. Non dimentichiamo infatti che il luogo di lavoro è soprattutto un luogo di vita e un'impresa collettiva.

I MIGLIORI CONSIGLI

- Soprattutto, non fingete mai di essere interessati ai vostri dipendenti: lo percepiranno immediatamente. Ricordate che il 60-70% della nostra comunicazione è non verbale. Se non siete sinceri, il tono della voce, la postura e il viso vi tradiranno.

- Non andate in giro a dire che siete un manager premuroso. Non si tratta di sbandierarlo, ma di incarnarlo appieno, essendo congruenti. Questa postura si acquisisce e si forma gradualmente e, una volta acquisita, parlerà da sola. Questo tipo di manager può essere individuato molto rapidamente.

- Coltivate il vostro benessere, perché influenza i vostri dipendenti. Trovate il vostro modo di ricaricarvi ed energizzarvi: sport, meditazione mindfulness, sviluppo personale, canto o recitazione... e praticatelo regolarmente. Non trascurate la vostra vita familiare e sociale: fanno parte del vostro equilibrio, e l'equilibrio è essenziale, perché il vostro stato d'animo si ripercuote su quello del vostro team per risonanza.

👁 UN PICCOLO E SEMPLICE TRUCCO

Qualche minuto prima di uscire dall'ufficio, scrivete qualche riga sui vostri risultati della giornata. Assaporateli per qualche istante, poi andate via. Questo rituale vi eviterà di portare a casa lo stress.

- Sviluppare l'intelligenza emotiva ascoltando i propri sentimenti. Accogliete ogni emozione come un'amica, poiché porta con sé il messaggio di un bisogno che si sta soddisfacendo o che deve essere soddisfatto. Le emozioni sono un GPS interno che ci aiuta a rispondere ai cambiamenti del nostro ambiente. Le emozioni primarie sono generalmente sei (gioia, tristezza, paura, sorpresa, disgusto e rabbia) e, secondo lo psicologo americano Paul Ekman (nato nel 1934), pioniere nello studio delle emozioni e della loro correlazione con le espressioni facciali, sono universali. È utile per un manager sapere cosa le scatena e quali reazioni possono provocare. Esercitarsi spesso per acquisire il riflesso. Una volta integrato, vi permetterà di rilevare le emozioni del vostro interlocutore e di capire il suo comportamento. Potete quindi adattare la vostra comunicazione di conseguenza.

FAQ

COME RISPONDIAMO A CHI PENSA CHE PRATICARE LA BENEVOLENZA SIA INGENUO?

Il manager benevolo non è un tenerone, un sognatore o un manipolatore. Dimostra quotidianamente rispetto e umanità per rendere le cose più facili ai suoi dipendenti e per raggiungere i suoi obiettivi. Non evita di dire le cose, anzi cerca di dirle bene. Certo, spesso è più facile arrabbiarsi, cercare di imporre la propria volontà con la forza o la minaccia, o fuggire dalle proprie responsabilità: ecco perché praticare la benevolenza è un esercizio più impegnativo per il manager che sceglie questa strada.

PERCHÉ SCEGLIERE LO STILE DI GESTIONE BENEVOLO ORIENTATO ALLA CONGRUENZA?

Le ragioni sono molteplici, tutte incentrate sul benessere e di conseguenza su una presenza professionale più efficiente. Innanzitutto, per quanto riguarda il manager, questo metodo di gestione permette alla persona che lo utilizza di essere coerente con i propri valori, il che è essenziale per il suo equilibrio psicologico. In secondo luogo, per quanto riguarda i dipendenti, essi sono più ascoltati, meglio considerati e lavorano in un ambiente più sereno. Il risultato è che sono più efficienti, più efficaci, meno malati e meno inclini allo stress.

QUALI SONO I TRE INDICATORI CHIAVE DI UNA PRATICA MANAGERIALE ATTENTA E CONGRUENTE?

Il manager benevolo e congruente si riconosce innanzitutto per la sua personalità, che è caratterizzata da un buon livello di fiducia in se stesso, che permette di avere fiducia negli altri. Questo fondamento di fiducia garantisce poi che la posizione manageriale sia aperta alla benevolenza e alla congruenza. Infine, la chiave di volta sta nel gusto del manager per il proprio lavoro, perché il piacere di lavorare infonde energia sia al manager che al suo team.

QUAL È LA DIFFERENZA TRA MANAGEMENT ETICO, *SLOW MANAGEMENT* O MANAGER-COACH?

Il management etico, modellato dal professore olandese Muel Kaptein nel 2003, sostiene l'autenticità, l'affidabilità, la capacità di comunicazione e la preoccupazione per il benessere dei dipendenti.

La gestione lenta è stata modellata nel 2004 dalla tedesca Heike Bruch e dall'indiano Sumantra Ghoshal. In origine, si trattava di ridurre la gerarchia e l'organizzazione delle richieste dei numerosi attori dell'azienda, in opposizione alla *gestione rapida*. Poi è stata estesa alla rivalutazione degli individui e del loro benessere in azienda.

Il manager-coach integra gli strumenti del coaching nella sua pratica manageriale, come diverse forme di ascolto, riformulazione, benevolenza, domande e silenzio.

Questi diversi approcci manageriali sono in linea con il loro core business, che è l'aspetto umano e il benessere dei dipendenti. L'MBC fa un ulteriore passo avanti aggiungendo una visione positiva del dipendente, una preoccupazione per l'interesse generale e una coerenza che si apre, attraverso l'intelligenza relazionale, all'intelligenza collettiva.

LA BENEVOLENZA, UNA CHIAVE PER LA FELICITÀ NEL MONDO PROFESSIONALE?

L'ultimo studio del Great Place to Work Institute, pubblicato il 13 febbraio 2014, indica che solo il 30% dei dipendenti va al lavoro con piacere.

Secondo l'Istituto Nazionale Francese per la Salute e la Ricerca Medica (INSERM), il costante aumento della sofferenza sul lavoro costa ogni anno tra il 2,6% e il 3,8% del PIL. Queste due indagini sostengono che la benevolenza contribuisce a migliorare il benessere sul lavoro, un passo avanti verso la felicità sul lavoro.

COME DIVENTARE UN MANAGER ATTENTO E CONGRUENTE?

Il manager attento e congruente ha un registro umano. Pertanto, per diventare un manager di questo tipo dovete essere in grado di vedere ogni relazione e interazione come un'ulteriore esperienza di apprendimento. Si tratta di aiutare i vostri dipendenti a progredire mentre voi stessi progredite. Una volta usciti dal dilemma dominante/dominato sarete in grado di chiedere un feedback sulla vostra gestione, di ascoltarlo e di usarlo per riaggiustare la vostra postura.

 **PICCOLO PLUS**

Non appena vi sentite a disagio, dopo uno scambio con un collega o di fronte a una situazione, ponetevi la seguente domanda: quale atteggiamento sarebbe stato più giusto per me e più benevolo per l'altra persona? In questo modo, a poco a poco, i riflessi prenderanno piede. Ricordate che ogni nuovo apprendimento crea un nuovo percorso neurale; è la ripetizione che lo consolida, fino a farlo diventare un riflesso.

TUTTI I MANAGER POSSONO DIVENTARE BENEVOLI?

Tutte le personalità hanno una propensione o una fame di essere manager attenti e congruenti? Sembrerebbe di no. Nello strumento di classificazione della personalità più utilizzato al mondo, l'MBTI (Myers Briggs Type Indicator), delle quattro preferenze di ciascuna personalità, solo una (Intuizione-Sentimento) elenca l'assistenza come fattore di preferenza. Ciò significa che questa categoria di personalità avrà una certa predisposizione per questo tipo di gestione, in quanto ha una naturale propensione all'autenticità o all'empatia.

Questo non significa, ovviamente, che la sfida sia impossibile per le altre personalità, ma piuttosto che dovranno fare uno sforzo maggiore per sviluppare la loro benevolenza.

COSA DICONO LE ULTIME SCOPERTE SU QUESTO STILE DI GESTIONE?

Le ultime ricerche in questo campo si concentrano principalmente sui concetti di risonanza e di neuroni specchio.

- **Il leader risonante**: in qualsiasi gruppo umano, il maggior potere di influenza emotiva è detenuto dal leader. Quando il leader favorisce un clima emotivo positivo, lascia emergere il meglio di ogni persona: questa è la risonanza. Recenti ricerche sul funzionamento del cervello hanno rivelato l'impatto dell'umore e delle azioni del manager sulle persone che guida.

- **Neuroni specchio**: il cervello reagisce alle azioni compiute da se stessi, ma anche a quelle compiute dall'altro, il che spiega, ad esempio, il fenomeno del contagio emotivo. Grazie ai nostri neuroni, quando l'altra persona fa un gesto, nel mio cervello si accendono le stesse aree, come se stessi compiendo io stesso l'azione. La visione che abbiamo del nostro rapporto con l'altro e con il mondo viene rivoluzionata da questa scoperta: per capire le intenzioni dell'altro basta ascoltare le nostre sensazioni, l'emozione generata in noi dall'atteggiamento dell'altro, come specifica il neuromanagement.

Il manager che pratica la cura e la congruenza è consapevole dell'impatto del suo stato d'animo o della sua posizione sul suo team. Sa che deve essere positivo e garantire che le sue parole, i suoi gesti e le sue azioni siano coerenti, ed è consapevole della potenza della risonanza tra il suo stato e quello dei suoi collaboratori. È anche molto attento al suo stato emotivo durante qualsiasi interazione, perché qualsiasi cambiamento lo informa per effetto speculare sullo stato emotivo dell'interlocutore.

STA A VOI DECIDERE!

LE DOMANDE GIUSTE

Rappresentare l'autorità all'interno di un gruppo genera potere simbolico. Il manager, infatti, cristallizza le proiezioni delle persone che gestisce: queste gli attribuiscono, in virtù del suo status, poteri o attitudini che in realtà non necessariamente possiede. Per non soccombere a questa illusione e praticare una gestione benevola attraverso la congruenza, ponetevi alcune domande. Rispondete onestamente, questo vi aiuterà a chiarire la vostra posizione manageriale.

- Perché sono un manager? Qual è il significato della mia missione professionale?

- Mi sento a mio agio?

- Questa funzione è legata ai miei obiettivi di vita?

 **ATTENZIONE**

I manager non formati spesso creano involontariamente stress per i loro dipendenti. Questo è il classico caso del *middle management* nelle nostre aziende: paracadutati in posizioni per le quali non sono attrezzati, questi manager appena promossi pensano di essere approdati al Santo Graal, e invece si trovano tra l'incudine e il martello. Fanno quindi quello che possono, ma spesso si trovano intrappolati nel triangolo di Karpman (una figura di analisi delle relazioni umane) ruotando in un loop tra i ruoli di vittima, persecutore e soccorritore, senza riuscire ad accompagnare correttamente i colleghi. Sì, bisogna ripeterlo più volte: la gestione è un lavoro che non si può improvvisare.

Allo stesso modo, ogni manager deve avere ben chiare le nozioni di potere, autorità, gerarchia e legittimità, per non essere un burattino.

- Potere: potere sugli altri o con gli altri?

- Autorità: è data per titolo o si acquisisce attraverso il rispetto?

- Gerarchia: mi sento a mio agio con questo concetto?

- Legittimità: chi la conferisce?

OSSERVARE E CONOSCERE SE STESSI

Alcuni manager non si rendono conto dell'impatto negativo che il loro comportamento può avere sui loro dipendenti. Non hanno idea dell'immagine che possono trasmettere. Tuttavia, questa consapevolezza è un passo essenziale per qualsiasi cambiamento. Iniziate a prendere coscienza della vostra influenza e poi imparate a sfruttarla al meglio facendo leva sui vostri punti di forza.

Ci sono due modi per conoscere meglio se stessi, per essere consapevoli dei propri punti di forza e delle aree di miglioramento: uno che consiste nell'essere accompagnati e uno in cui il viaggio viene fatto da soli con l'aiuto di strumenti o pratiche.

- Esistono metodi di sostegno basati sulle parole, altri sul corpo o una combinazione di entrambi.

- Per il solo lavoro, si tratta di trovare gli strumenti più adatti, come i test di personalità, le pratiche di meditazione, le arti marziali, lo yoga o la spiritualità; tutti i percorsi sono efficaci. Sta a voi trovare quello che fa per voi. Ricordate che conoscere meglio se stessi aiuta a conoscere meglio gli altri.

CONSOLIDARE LE FONDAMENTA

Naturalmente, non basta "innestare" una teoria manageriale perché questa prenda piede; è necessario che l'intero corpo la accetti. Deve diventare un modo di operare, di comportarsi, ancorato e preferibilmente portato avanti da tutta l'azienda. Sperimentate e sfruttate ciò che funziona per voi. Fate leva sui vostri punti di forza per sperimentare in altre aree. Se la comunicazione è il vostro punto di forza, usatela come leva per il resto: vi aiuterà ad avere meno paura di sbagliare. Ricordate che d'ora in poi sarete più indulgenti verso gli errori, compresi i vostri.

👁 TENERE PRESENTE

- Impegnarsi in un processo di cambiamento significa soprattutto imparare a disimparare!

• La gestione è un'arte che si coltiva quotidianamente. La benevolenza è un comportamento esigente, perché si fa uno sforzo per l'altro.

Infine, prestate attenzione alle persone che vi circon-
dano e noterete che questa postura sta crescendo.
Questi manager lasciano sempre un segno indelebile
nelle loro squadre, perché fertilizzano ovunque vadano.

PER ANDARE OLTRE

FONTI BIBLIOGRAFICHE

BARABEL (Michel) e MEIER (Olivier), *Managéor*, Parigi, Dunod, 2006.

BOUVIER (Alain), *Management e scienze cognitive*, Vendôme, PUF, 2007.

BRUNEL (Valérie), *Les managers de l'âme*, Parigi, La découverte, 2014.

CHIBANE (Karima), *Le développement de l'intelligence émotionnelle des managers par le coaching*, dissertazione DESU – Master I " Pratiques du coaching ", Paris 8, 2015.

CORNETTE DE SAINT CYR (Xavier), *Pratiquer la bienveillance*, Chêne-Bourg (Svizzera), Jouvence, 2013.

DÉTRIÉ (Philippe), *Manager au XXIe siècle*, Paris, Eyrolles, 2015.

ENNESSER (Jean-Louis), "Le Neuromanagement, application concrète des neurones miroirs", in *Les Echos*, maggio 2014, consultato il 3 febbraio 2016.
http://www.lesechos.fr/idees-debats/cercle/cercle-97921-le-neuromanagement-application-concrete-des-neurones-miroirs-1007086.php

- GIRARD (Anne), "Che cos'è la gestione benevola?", in *Seenago*, 2013, consultato il 24 gennaio 2016.
http://www.seenago.com/ (scheda Notizie/Pubblicazioni)

- GOLEMAN (Daniel), BOYATZIS (Richard) e McKEE (Annie), *Intelligenza emotiva al lavoro*, Parigi, Pearson, 2010.

- Heinz (Matthias), "Signaling cooperation", in *Social science research network*, novembre 2015, accesso 24 gennaio 2016.
  http://papers.ssrn.com/sol3/papers.cfm?abstract_id=2696911

- Kotsou (Ilios), *Intelligenza emotiva e management*, Louvain-la-Neuve (Belgio), De Boeck, 2015.

- Lenhardt (Vincent), *Les responsables porteurs de sens*, Neuilly-sur-Seine, Julhiet, 2012.

- "Employees of large French companies and human capital", studio Obéa per il Trophée du capital humain, in *SlideShare*, giugno 2014, consultato il 25 gennaio 2016.
  http://fr.slideshare.net/MichaelPageFrance/1542-mp-frabrochurebookletweb-36340928

- Mantione (Florian) "Le management bienveillant: sujet, verbe, compliment", in *Florian Mantione Institut*, consultato il 20 gennaio 2016.
  http://www.florianmantione.com/actualites/editos/247-le-management-bienveillant-sujet-ver-be-compliment

- "Pour un management par la bienveillance", in *La Mutuelle bleue*, consultato il 25 gennaio 2016.
  http://www.mutuellebleue.fr/actu-et-prevention/incollableu/pour-un-management-par-la-bienveil-lance

- Schutz (Will), *L'elemento umano*, Parigi, InterÉditions-Dunod, 2006.

- Séve (Marie-Madeleine), "Sept clés pour manager avec bienveillance", in *L'Express l'Entreprise*, novembre 2011, consultato il 25 gennaio 2016.
http://lentreprise.lexpress.fr/rh-management/sept-cles-pour-manager-avec-bienveillance_1518872.html

- Soudy (Eric), "Gestione benevola" in *Eric Soudy*, ottobre 2011, consultato il 20 gennaio 2016.
https://sites.google.com/site/airhikzen/management-equitable/managementbienveillant

- Steiler (Dominique), Sadowsky (John), Roche (Loïck), Éloge du bien-être au travail, Grenoble, Presses universitaires de Grenoble, 2010.

- Tanquerel (Sabrina), "Oser le management bienveillant" in *Le Journal des grandes écoles et universités*, novembre 2014, consultato il 19 gennaio 2016.
http://journaldesgrandesecoles.com/oser-le-management-bienveillant%C2%A0/

- Tournand (Juliette), *La stratégie de la bienveillance ou l'intelligence de la coopération*, Paris, InterÉditions, 2014.

- Trehorel (Laure), "Se former au "management bienveillant"", in *Action Co*, ottobre 2015, consultato il 24 gennaio 2016.
http://www.actionco.fr/Thematique/management-1020/Breves/Developpement-formation-management-bienveillant-259903.htm#.VplqAvnhA4Y

- Vittori (Jean-Marc), "Quand les entreprises embaucheront des cœurs", in *Les Echos*, gennaio 2015, consultato il 24 gennaio 2016.

http://www.lesechos.fr/idees-debats/editos-analy-
ses/021620697193-quand-les-entreprises-embau-
cheront-des-coeurs-1192532.php

FONTI AGGIUNTIVE

BANDLER (Richard) e GRINDER (John), *La struttura della magia. Il libro fondatore della PNL*, Parigi, InterÉditions, 2015.

BOYATZIS (Richard E.) e MC KEE (Annie), *Resonant Leadership. Renewing Yourself and Connecting with Others Through Mindfulness, Hope and Compassion*, Boston, Harvard Business School Press, 2005.

ODIER (Geneviève) e SEGRERA (Alberto S.), *Carl Rogers. Ètre vraiment soi-même. L'approche centrée sur la personne*, Paris, Eyrolles, 2012.

PETITCOLLIN (Christel), *Savoir écouter, ça s'apprend!* Chêne-Bourg (Svizzera), Jouvence Poche, 2012.

RAMACHANDRAN (Vilayanur), *Il cervello fa la mente*, Parigi, Dunod, 2011.

RIZZOLATTI (Giacomo) e SINIGAGLIA (Corrado), *Les neurones miroirs*, Paris, Odile Jacob, 2011.

ROGERS (Carl) e PAGES (M.), *Le développement de la personne*, Paris, InterÉditions, 2005.

Vogliamo sapere da voi!
Lasciate un commento sulla vostra biblioteca online
e condividete i vostri libri preferiti sui social media!

Master ISBN: 9782808608398
ISBN cartaceo: 9782808609609
Deposito legale: D/2023/12603/145

Design digitale: Primento,
il partner digitale degli editori.